NOTICE

SUR

LA VIE, LA MORT ET LES FUNÉRAILLES

DE

MONSEIGNEUR

François-Xavier-André de GAFFORY

ÉVÊQUE D'AJACCIO

Non morietur in æternum.
(St-Jean. IX, 26.)

PAR

M. l'Abbé Casabianca

Premier Vicaire de St-Roch

AJACCIO
IMPRIMERIE JOSEPH POMPEANI

1877

NOTICE

SUR

LA VIE, LA MORT ET LES FUNÉRAILLES

DE

MONSEIGNEUR

François-Xavier-André de BATTERY

ÉVÊQUE D'AJACCIO

Non moriemur in eternum.
(S. Jean IX, 26)

PAR

M. l'Abbé Casabianca

Ancien Vicaire de Sisco

BASTIA
IMPRIMERIE JOSEPH FABIANI

1874

NOTICE

SUR

LA VIE, LA MORT ET LES FUNÉRAILLES

DE

MONSEIGNEUR

François-Xavier-André de GAFFORY

ÉVÊQUE D'AJACCIO

Non morietur in œternum.
(St-Jean. IX, 26.)

PAR

M. l'Abbé Casabianca

Premier Vicaire de St-Roch

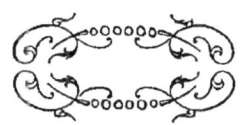

AJACCIO
IMPRIMERIE JOSEPH POMPEANI

1877

NOTICE

SUR

LA VIE, LA MORT ET LES FUNÉRAILLES

DE

MONSEIGNEUR

FRANÇOIS-XAVIER-ANDRÉ DE GAFFORY

ÉVÊQUE D'AJACCIO

Non morietur in œternum.
(St-Jean. XI, 26.)

Monseigneur François-Xavier-André de Gaffory, Évêque d'Ajaccio, vient de terminer à 67 ans et 27 jours, sa laborieuse et sainte carrière, après quelques jours de cruelles souffrances supportées avec la plus héroïque résignation. Cette mort sera un deuil public ; elle a profondément ému la population Ajacienne, et le Diocèse tout entier s'associera à cette douleur.

Le grand Prélat que nous pleurons naquit à Corte le 17 juin 1810, d'une famille qui compte des héros que la Corse a mis au nombre de ses illustrations les plus pures. Avec l'éclat du nom, la gloire des ancêtres et la noblesse du sang, ses parents lui léguèrent des sentiments profondément chrétiens, la noblesse du cœur, de l'intelligence et du mérite qui sont de véritables trésors, et qui constituent cette autre noblesse que St-Grégoire de Nazianze appelle élégamment la noblesse personnelle. Ils veillèrent avec sollicitude sur son éducation, et l'envoyèrent en 1823, au Petit-Séminaire d'Aix pour y faire ses études littéraires.

Après la carrière scolaire parcourue avec une rapidité égale au succès, cédant à une vocation ardente, il passa du Petit au Grand-Séminaire, où il ne tarda pas à se concilier l'estime et l'affection de ses supérieurs.

Ayant terminé ses brillantes études théologiques, avant d'avoir atteint l'âge fixé pour la réception des Saints Ordres, on lui confia la chaire de philosophie, sur laquelle il révéla bientôt l'habileté et l'autorité d'un vieux maître.

En 1833, le jeune professeur rentre en Corse à la demande de Monseigneur Casanelli d'Istria de glorieuse mémoire, qui confie successivement à sa prudente et sage jeunesse, les chaires de philosophie et de théologie de son Grand-Séminaire.

Ce fut là que l'abbé de Gaffory eut le bonheur de travailler à côté d'un prêtre illustre que l'avenir réservait aux plus hautes dignités de l'Église, et des mains duquel il devait un jour recevoir la consécration épiscopale (1).

En 1842 il est nommé supérieur du Petit-Séminaire d'Ajaccio qu'il devait diriger pendant plus de trente ans. Personne n'était plus digne que lui d'occuper ce poste important et difficile à remplir, où il fit briller avec éclat les aptitudes précieuses qu'il possédait comme administrateur prudent et éclairé ; aussi son Évêque qui savait si bien connaître et apprécier le mérite, le nomma-t-il en peu de temps chanoine, membre du conseil diocésain et vicaire général honoraire. Le jeune supérieur s'occupa toujours avec une infatigable sollicitude de son cher Petit-Séminaire. On ne pouvait assez admirer le tendre intérêt qu'il portait à la jeunesse. Il voulait former à la fois de brillants esprits et de nobles caractères, de bons chrétiens et de dignes citoyens ; on sait combien il a illustré cet établissement. Telle fut cette longue et importante période de la vie de Monseigneur de Gaffory, si rapidement esquissée.

(1) Mgr Guibert, aujourd'hui cardinal-archevêque de Paris.

Mais ici s'ouvre à nos yeux un plus vaste horizon. Cette vie si noblement employée dans les rangs inférieurs, va briller d'un nouvel éclat au faîte de la hiérarchie sacerdotale.

Élu Évêque d'Ajaccio, en 1872, après avoir été Vicaire Général de Monseigneur de Cuttoli de touchante mémoire, qui ne fit que passer sur le siége épiscopal, l'humble supérieur a reçu l'onction des Pontifes des mains de Monseigneur Guibert, archevêque de Paris. Il n'entre pas dans le plan d'une simple notice, de raconter tout ce que Monseigneur de Gaffory a accompli pour le bien et la prospérité de son diocèse, durant les cinq années qu'il a occupé le siége épiscopal. Quelques jours seulement après son arrivée parmi nous, le digne Évêque commença la visite de son vaste Diocèse.

Pendant son court mais laborieux épiscopat, il a trouvé le moyen de voir toutes les Églises et tous les Presbytères. Il n'est pas une seule paroisse, un seul hameau que ce courageux Pasteur n'ait visité. Il a pénétré partout, et partout il a porté son dévoûment et son cœur avec les trésors de sa foi et l'édification de ses vertus.

Quel bien n'a-t-il pas fait dans ses courses apostoliques! Que de bonnes œuvres ou de saintes institutions il a encouragées ou établies! Que de pasteurs il a consolés.

dans leurs tribulations ! Que d'âmes il a enrichies des dons du St-Esprit !

Aussi avec quel empressement, avec quel enthousiasme les populations venaient à sa rencontre, et avec quelle bonté il les accueillait lui-même ! Avec quelle aimable simplicité il leur annoçait jusqu'à quatre et cinq fois par jour la parole de Dieu ! comme il était heureux dans les petites Églises de nos montagnes, comme il interrogeait avec douceur les petits enfants ! Après les rudes fatigues de ses tournées pastorales, il n'aimait rien tant que venir se reposer dans l'austère simplicité de sa maison, où il menait la vie d'un religieux, car il n'abandonna jamais ses habitudes de régularité cléricale qui l'ont accompagné jusque sur son lit de mort.

Levé à 5 heures dans toutes les saisons de l'année, après avoir satisfait aux devoirs de sa piété et célébré les saints Mystères, il se trouvait à huit heures absorbé dans les affaires du Diocèse ; les instants de la journée en se succédant ne lui apportaient d'autre repos que la variété du travail, ou la récitation du Saint Office ; une promenade d'une demi heure, et pas tous les jours, telle était la seule récréation qu'il consentit à s'accorder.

Aussi, que de choses il accomplit dans son Diocèse, pendant les cinq années d'une administration si féconde, que de choses plus grandes encore n'aurait-il pas réalisées avec plus de temps!

Monseigneur de Gaffory a eu le rare privilége de se tenir toujours en dehors des dissentions politiques qui ont si souvent troublé notre pays, et jamais on peut le dire, son nom ne s'est trouvé mêlé à une question irritante.

Il a pu rencontrer des personnes trop prévenues et trop ardentes pour être toujours justes à son égard; mais le moindre sentiment d'aigreur et d'amertume n'a jamais pénétré dans les hauteurs sereines de son âme.

On peut rendre à sa mémoire vénérée ce glorieux témoignage: c'était un saint Évêque, il était juste et bon, simple et doux, ferme et modéré, ne prenant de sa haute dignité que le côté austère et pénible, il avait toujours cherché son repos dans l'espérance de la gloire des enfants de Dieu, comme le rappelait si bien sa devise. *In spe gloriæ filiorum Dei.*

Mais hélas! Il était écrit que la Corse ne devait pas jouir longtemps d'un trésor aussi précieux.

Le 30 mai, l'Évêque d'Ajaccio rentrait de sa dernière tournée pastorale. Son visage rayonnait des consolations que ses enfants de l'intérieur lui avaient largement prodiguées, mais son corps souffrait déjà de la blessure mortelle qu'il avait reçue là-haut, sur les montagnes d'Asco, en combattant le combat du Seigneur, et la mort n'attendait que quelques efforts de plus de sa part, pour achever son ouvrage. Cependant le travail demeurait sa passion dominante ; il courait à lui comme l'on court à son lieu de plaisir. Au reste il avait vécu noblement, et il devait mourir en héros.

Le 3 juin il présida la procession du saint Sacrement ; il donna plus tard la confirmation dans l'Église cathédrale, au Petit-Séminaire, et chez les Filles de Marie ; mais ces fatigues réitérées, tout en réjouissant son âme, achevaient d'user son corps. Tant de courage et de sueurs nous effrayaient ; lui seul était sans crainte, et quand on lui conseillait le repos, il répondait : « Laissez-moi faire, je brûle mes dernières cartouches. »

Le 24 juin, devaient avoir lieu les ordinations au Grand Séminaire. Monseigneur de Peretti, toujours plein de sollicitude pour la santé de son illustre ami, lui demande comme une faveur, de le remplacer dans ce long exercice. Il répondit : « Pourquoi voulez-vous me priver de
« ce bonheur ? Ce sont peut-être les dernières ordina-
« tions que je ferai. »

Ame d'élite, avait-il reçu du ciel avis de sa mort, ou bien sentait-il que là devait s'achever la mission pour laquelle Dieu l'avait élevé à l'épiscopat? Je ne sais ; mais à travers ce rayonnement de foi et de bonté qui animait son visage, on pouvait lire une pensée non pas triste mais joyeuse, la pensée de sa mort prochaine.

Aussi avant de partir pour sa dernière visite pastorale, avait-il dit à Monseigneur de Peretti en lui remettant son testament : « Prenez, ce sont mes dernières volon- « tés, bientôt vous en aurez besoin. » Hélas il ne se trompait point.

C'est le 1er juillet, que Monseigneur de Gaffory ressentit les premières atteintes de la maladie à laquelle il devait succomber.

Les efforts de la science, les soins affectueux de sa famille accourue auprès de lui, le dévouement sans bornes de son ami, les prières du clergé et des fidèles n'ont pu conjurer le coup mortel. Aussitôt qu'il s'est senti frappé, Monseigneur de Gaffory ne s'est point fait illusion sur son état et a demandé les derniers sacrements. Monseigneur de Peretti célébra la sainte Messe dans la chambre de l'illustre malade et lui administra le Viatique.

Avec quels élans d'amour reçut-il pour la dernière fois son Sauveur et son Dieu? Les anges seuls pourraient le dire.

La résignation dont il fit preuve durant sa maladie, fut celle d'un saint : « Vous me crucifiez, disait-il à ses « médecins ; tant mieux. »

La journée du 7 juin fut déjà des plus inquiétantes, dans la soirée les inquiétudes augmentent. Le 8 et le 9 la maladie sembla perdre de sa gravité, mais bientôt reparurent les symptômes les plus alarmants, et il devint évident pour tous que le dernier terme approchait.

Le 13 au soir il reçut l'extrême-onction en pleine et entière connaissance. Se sentant mourir il se tourna vers son confesseur et lui dit : « Eh bien ! » Eh bien, Monseigneur, lui répondit celui-ci, *in domum Domini ibimus*. A ces mots il joignit les mains et murmura une prière que Dieu seul entendit. On lui présenta le crucifix ; il le prit de ses mains, voulut le porter à ses lèvres, mais, les forces lui manquant, il l'arrêta sur son cœur et le serra étroitement.

Le lendemain matin il avait baissé considérablement. Dans un moment de réaction il eut une parole affectueuse pour son frère qui veillait constamment auprès de son lit ; puis à dix heures l'agonie commença, et à 1 heure de l'après-midi le bourdon de la Cathédrale annonçait aux fidèles que le premier Pasteur du Diocèse avait cessé de vivre. Aussitôt après la mort du vénérable Prélat, son corps revêtu des ornements sacerdotaux, a été exposé dans le grand salon de l'Évêché transformé en chapelle ardente et exposé pendant trois jours à la vénération des fidèles.

Une foule pieuse et recueillie n'a cessé pendant ce temps de se presser dans le palais épiscopal. Tous, hommes et femmes, grands et petits, voulaient voir celui qui fût leur Évêque, et chez nous les larmes de tristesse avaient fait place à des larmes d'émotion et d'attendrissement.

Hier on a ouvert son testament. Il avait dit un jour : « Mes parents n'ont pas besoin de mes aumônes ; « au reste, je ne suis pas Évêque pour les enrichir. »

En effet il ne leur laisse rien, ou plutôt il n'avait rien à leur laisser. Quelques créances abandonnées à ses séminaires, quelques meubles légués à l'amitié, voilà tout son héritage.

Aujourd'hui nous avons assisté à ses funérailles. On aurait dit une immense ovation. Toute la ville se trouvait sur le passage du héros. Les chefs des administrations, les fonctionnaires de tous les degrés dans les corps de la magistrature, de l'armée, de l'instruction publique avaient pris leur rang, le canon grondait, les tambours battaient aux champs et la fanfare jouait. Mais hélas! ce héros n'était qu'un cadavre ; les tambours étaient recouverts d'un crêpe noir, la fanfare n'avait que des notes de deuil et de tristesse et la voix du canon n'était qu'un long gémissement.

Après la levée du corps qui a eu lieu à 9 heures, le cortége s'est mis en mouvement. Les soldats du 55e de ligne ouvraient la marche, puis venaient les religieuses de St-Joseph et leurs élèves, les Frères des Écoles Chrétiennes, un grand nombre de prêtres accourus de tous les points du diocèse, le clergé des deux paroisses de la ville, les chanoines honoraires de la Cathédrale, le chapitre, M. Foata vicaire général et Monseigneur de Peretti. MM. les curés de Vivario et de Sarrola-et-Carcopino, chargés des insignes voilés du pontife marchaient devant le cercueil porté par des ecclésiastiques et des membres des confréries. Les coins du poële étaient tenus par M. le Préfet de la Corse, M. le Maire, M. le lieutenant-colonel et M. le président du tribunal de première instance. Derrière, s'avançait la famille du Prélat. Puis en grand costume venaient les autorités civiles et militaires de la Ville. Cet imposant cortége après avoir fait le tour de la cité, rentrait à 10 heures à la Cathédrale.

L'office a été célébré avec une majesté simple et imposante. La vue de ces prêtres nombreux qui venaient rendre un dernier hommage à leur chef vénéré, de ces administrateurs de tous grades et de toutes fonctions, qui avaient si bien apprécié les éminentes qualités de l'illustre défunt, et qui étaient accourus avec empressement faire cortége à ses obsèques ; ce chant triste et solennel, ce tintement funèbre des cloches, ces roulements de tambours, cette voix lointaine du canon, ce siége épiscopal vide, ce somptueux luminaire, ce riche catafalque, et, se détachant de toutes ses splendeurs de la mort, le souvenir vivant de l'austère Pontife, et sa mâle figure encore présente à tous les yeux... toutes ces choses, toutes ces pensées, tous ces souvenirs se confondaient dans les âmes, et unissaient les cœurs dans un même sentiment de tristesse et de prière.

Après la célébration du saint Sacrifice, Monseigneur de Peretti monta en chaire, son visage abîmé dans la plus profonde douleur disait plus que la meilleure oraison funèbre. Il esquissa à grands traits et avec le langage que lui seul sait parler, la vie et les actes de celui qu'il appelait si justement *son ami, son bienfaiteur et son père.*

L'émotion qui par moment le gagnait passait tout entière dans l'âme de son auditoire, et les larmes qui souvent entrecoupaient ses paroles, ont fait couler parmi nous bien des larmes.

Les dernières prières de l'Église commencèrent. La

première absoute fut faite par M. le chanoine Donzella, la seconde par M. le curé-archiprêtre de la Cathédrale, la troisième par M. le chanoine Leca, la quatrième par M. le chanoine Rongiconi, et la cinquième par sa Grandeur Monseigneur de Peretti. Ce soir tout est fini : Monseigneur de Gaffory dort dans sa couche dernière : mais son nom vivra éternellement dans nos cœurs.

Non morietur in æternum,
(St-Jean. XI, 26.)

www.ingramcontent.com/pod-product-compliance
Lightning Source LLC
Chambersburg PA
CBHW060634050426
42451CB00012B/2580